BOXER AND BRANDON

БОКСЁР И БРЕНДОН

www.kidkiddos.com

Copyright©2015 by S.A.Publishing ©2017 by KidKiddos Books Ltd.

support@kidkiddos.com

Second edition, 2019

Translated from English by Anna Vanina
Перевод с английского: Анна Ванина

Russian Editing by Anna Guryeva
Редактирование русского текста: Анна Гурьева

Library and Archives Canada Cataloguing in Publication
Boxer and Brandon (Russian Bilingual Edition)
ISBN: 978-1-5259-1153-8 paperback
ISBN: 978-1-77268-530-5 hardcover
ISBN: 978-1-77268-274-8 eBook

Please note that the Russian and English versions of the story have been written to be as close as possible. However, in some cases they differ in order to accommodate nuances and fluidity of each language.

KidKiddos Books

Created by Inna Nusinsky
Инна Нусински

Illustrations by Gillian Tolentino
Иллюстрации: Джиллиан Толентино

Hello, my name is Boxer. I'm a boxer. Nice to meet you! No, not one of those fighting guys with the red gloves—I'm a type of dog called a boxer. This is the story of how I got my new family.

Привет! Меня зовут Боксёр. Будем знакомы. Я — боксёр. Нет, я не из тех ребят в красных перчатках, которые дерутся на ринге, я — собака породы боксёр. Это история о том, как я нашёл новую семью.

It all started when I was two years old.

Всё началось, когда мне было два года.

I was homeless. I lived on the street and ate out of garbage cans. People got pretty mad at me when I knocked over their trash cans.

Я был бездомным. Я жил на улице и ел из мусорных баков. Люди очень сердились, когда я опрокидывал их баки в поисках еды.

"Get out of here!" they would shout. Sometimes I had to run away really fast!

— Убирайся! — кричали они. Иногда мне приходилось очень быстро убегать.

Living in the city can be hard.

Жизнь в городе порой такая трудная!

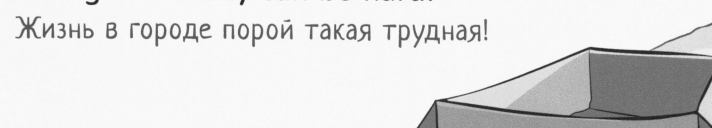

When I wasn't looking for food, I liked to sit and watch people walk by on the sidewalk.

Когда я не искал еду, то любил сидеть и смотреть на людей, которые проходили мимо меня по тротуару.

Sometimes, I would look at people with my sad eyes and they would give me food.

Иногда я грустно смотрел на них, и они давали мне поесть.

"Oh, what a cute doggy! Here, have a snack," they would say.

— Какая милая собачка! Возьми, поешь, — говорили они.

One day, a little boy and his dad were walking toward me.

Однажды мимо проходили маленький мальчик и его папа.

"How's that sandwich, Brandon?" asked the boy's dad.

— Тебе нравится твой бутерброд, Брендон? — спросил папа.

"Brandon, don't feed that dog! He'll just come looking for more," exclaimed his dad. Brandon pulled the sandwich back.

— Брендон, не корми эту собаку! Она не отстанет и будет просить ещё, — воскликнул папа. Брендон отдёрнул руку.

So close—I could smell the butter! Parents never want to share with me!

Бутерброд был так близко — я чувствовал запах масла! Родители детей никогда не хотят со мной делиться!

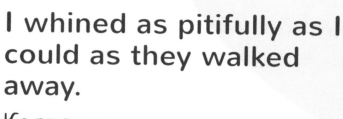

I whined as pitifully as I could as they walked away.

Когда они уходили, я заскулил так жалобно, как только мог.

After that, I decided to take a nap. I was having a wonderful dream.

Потом я решил вздремнуть. Я увидел чудесный сон.

I was in a park and everything was made from meat! The trees were steaks! It was the best dream ever.

Я был в парке, и всё вокруг было из мяса! На деревьях росли отбивные! Это был самый лучший сон на свете.

Something woke me up, though. Right in front of me was a piece of a sandwich! I jumped to my feet and gobbled it down.

Вдруг что-то разбудило меня. Прямо передо мной лежал кусок бутерброда! Я вскочил и жадно проглотил его.

Mmmmm! It was so good! Just like my dream.

Мммммм! Он был такой вкусный! Прямо как во сне.

"Shhh," said Brandon. "Don't tell Dad." *What a nice little boy*, I thought to myself.

— Тссс, — сказал Брендон, — не говори папе! «Какой хороший мальчик», — подумал я про себя.

Day after day, Brandon would come visit me and give me a snack. Then, one day...

День за днём Брендон приходил ко мне и приносил поесть. Но вот однажды...

"Hurry up, Brandon. You'll be late for school," said Brandon's dad.

— Скорее, Брендон! Опоздаешь в школу, — сказал папа.

"I'm coming!" shouted Brandon as he ran past, dropping a brown bag on the sidewalk.

— Иду! — крикнул Брендон. Он пробежал мимо меня и уронил на тротуар бумажный пакет.

Sniffing around, I walked up to it and looked inside. It was full of food!

Принюхиваясь, я подошёл к пакету и заглянул в него. Там было полно еды!

I was just about to eat it all when I thought of something. *Brandon always brings me food when I'm hungry. If I eat his food, then he'll be hungry.*

Я хотел было всё съесть, но кое о чём подумал. «Брендон всегда приносит мне еду, когда я голодный. Если я съем его еду, то он останется голодным.»

**"I'm coming, Brandon!"
I howled.**

— Я бегу, Брендон! — залаял я.

**He and his dad were way down
the street. I ran after them with
the brown bag in my mouth.**

Брендон с папой были уже далеко. Я
побежал за их машиной с пакетом в
зубах.

As I was passing an alleyway, I saw a cat. I hate cats! I forgot about my mission and dropped the bag.

Пробегая по переулку, я увидел кошку. Ненавижу кошек! Я забыл о своей цели и бросил пакет.

"Bark, get out of here, cat!" I barked.

— Гав! Прочь отсюда, кошка! — залаял я.

Then I remembered Brandon's lunch. He was going to be hungry if I didn't bring him his lunch!

Тут я вспомнил про пакет.
Брендон останется голодным, если я не принесу ему обед!

It was hard, but I forgot about the cat. I picked up the brown bag again and started running.

Мне было нелегко, но я оставил кошку в покое, снова схватил пакет и побежал.

Further down the street, I stopped again. A butcher shop!

Пробежав дальше по улице, я опять остановился. Мясная лавка!

There were pieces of meat and sausages hanging everywhere. Mmmmm...

Там повсюду были мясо и колбаса. Мммм...

Wait! I had to bring Brandon his lunch or he was going to be hungry!

Стоп! Я должен отнести Брендону его обед, а то он останется голодным!

It was hard, but I forgot about the meat. I grabbed the lunch and started running again.

Мне было нелегко, но я оставил и мясную лавку, схватил пакет и побежал дальше.

I turned a corner and stopped. There was another dog wagging his tail.

Я свернул за угол и остановился. Там был другой пёс. Он вилял хвостом.

"Hi, want to play?" he woofed.

— Привет, хочешь поиграть? — гавкнул он.

"I sure do!" I answered. "Oh, wait, I can't right now. I have to bring Brandon his lunch."

— Конечно хочу! — ответил я. — Ой, погоди, сейчас я не могу. Мне нужно отнести Брендону его обед.

It was hard, but I forgot about playing.
I grabbed the lunch
and started running again.

Мне было нелегко, но я
отказался с ним играть,
схватил пакет и
побежал дальше.

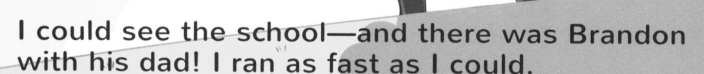

I could see the school—and there was Brandon
with his dad! I ran as fast as I could.

Наконец я увидел школу. А вот и Брендон с папой! Я
помчался изо всех сил.

Stopping in front of Brandon, I dropped his lunch
bag on the sidewalk. Just in time!

Остановившись перед Брендоном, я положил
его пакет с обедом на тротуар.
Я успел вовремя!

"Look, Dad, he brought my lunch!" exclaimed
Brandon.

— Смотри, папа, он принес мой обед! — воскликнул
Брендон.

"Wow, he sure did. That's amazing!" said his
dad. They both patted me on the head.

— И правда! Удивительно! — сказал папа. Они оба
погладили меня по голове.

Brandon was happy and so was his dad.

Брендон был рад, и его папа тоже.

In fact, his dad was so happy that he brought me home. He gave me a bath. He gave me food!

Вообще-то, папа был настолько рад, что даже привёл меня домой. Он искупал и накормил меня.

Now when Brandon and his dad go walking, I get to walk with them. And when they go home, I get to go home with them!

Теперь, когда Брендон с папой идут гулять, я иду вместе с ними. А когда они возвращаются домой, я тоже возвращаюсь!

I love my new home and my new family!

Я люблю свой новый дом и свою новую семью!

CPSIA information can be obtained
at www.ICGtesting.com
Printed in the USA
LVHW071823271119
638727LV00031B/3999/P

9 781525 911538